जिंदगी बदल दूगा

विवेक कुमार पांडे शंभुनाथ

Copyright © Mr Vivek Kumar Pandey Shambhunath
All Rights Reserved.

ISBN 978-1-68509-052-4

This book has been published with all efforts taken to make the material error-free after the consent of the author. However, the author and the publisher do not assume and hereby disclaim any liability to any party for any loss, damage, or disruption caused by errors or omissions, whether such errors or omissions result from negligence, accident, or any other cause.

While every effort has been made to avoid any mistake or omission, this publication is being sold on the condition and understanding that neither the author nor the publishers or printers would be liable in any manner to any person by reason of any mistake or omission in this publication or for any action taken or omitted to be taken or advice rendered or accepted on the basis of this work. For any defect in printing or binding the publishers will be liable only to replace the defective copy by another copy of this work then available.

जीवन में प्रेरणादायक कहानियोंका एक अलग ही महत्त्व है. जीवन में अक्सर ऐसे क्षण आते हैं, जब हम स्वयं को निराशा के भंवर में फंसा पाते हैं. ऐसे में किसी के बोले गए प्रेरक शब्द या कहीं लिखे प्रेरक वाक्य या फिर प्रेरणादायक कहानियाँ हमें निराशा के उस भंवर से बाहर निकालकर नए जोश का संचार करती हैं. और इसे वापस से विवेक कुमार पाण्डेय जी ने इसका रचना किया है.।

क्रम-सूची

भूमिका — vii

1. आखिरी प्रयास — 1
2. शिकंजी का स्वाद — 3
3. शार्क और चारा मछलियाँ — 5
4. चार मोमबत्तियाँ — 7
5. समस्या का दूसरा पहलू — 9
6. हमेशा सीखते रहो — 11
7. हीरे की खान — 13
8. जो चाहोगे सो पाओगे — 15
9. मछुआरों की समस्या — 17
10. स्वप्न कक्ष — 19
11. चिड़िया और किसान — 21
12. अपनी क्षमता पहचानो — 23
13. फांसी की सजा — 25
14. बूढ़े गिद्ध की सलाह — 27
15. ऊँट के प्रश्न — 29
16. मकड़ी, चींटी और जाला — 31
17. सौ ऊँट — 33
18. मकड़ी की प्रेरणादायक कहानी — 35
19. साधु और खजूर — 37
20. किसान की घड़ी — 39
21. राज्य का उतराधिकारी — 41

भूमिका

Author biography in English

MY NAME IS VIVEK KUMAR PANDEY . I WAS BORN IN 30 SEP 2002,I AM FROM SURAT GUJARAT INDIA.MY DREAM WAS TO BE GOOD WRITERS ,MY FAMILY SUPPORTED ME TO SUCCESSFUL AND I CAN DO IT MY SELF.How do I write? That is a question, I believe, that cannot be honestly answered by me."CELEBRATING YOUNGEST WRITER AWARD WINNER IN GUJARAT 1ST RANK" MR PANDEY JI . I may think I did a good job writing something when in reality it could be horrible. The reader is the one who decides the quality of my writing. I do not find writing to be natural to me and therefore find it to be a real challenge. My trick as a challenged writer is to do the best I can and know that I am happy with the final outcome. It may take a while to do my best and there may be quite a few problems I run into along the way.

I am not a greedy person those who are thinking about me and my self I never tried it anyone people suffering from sadness ,I trying to get promoted people suffering from happiness and joy in your Life Time. Now in current situation in India and also world people are unemployed and have no many but our indian governor help to people to get free food from ration card , i also take part in leadership team ,i am Motivational speaker , Film script writer. There was my two dream firstly writer and secondly actor & also my own film is upcoming soon i done almost completely completed script for my film .I AM GOING TO SAY WORD OF HEART TOUCH OUT PLEASE READ IT" , firstly i thanks my father he supports me in this field they always getting inspired me by own his words and behavior ,they always said that he was a biggest person in the world in future and also they purchase fruit and chocolate for me in anytime & anyway , firstly my father buy him then call me Vivek you want a chocolate i will say yes papa but how many tell me ,papa: you tell me how much i buy him i told 1 or 2 chocolate but my father purchase whole the boxes of chocolate and they get suprised me. MY FATHER WAS BORN IN " 20 SEPTEMBER" 1971 IN INDIA.

1) MY FATHER FAVORITE CLOTHES IS KURTA PAIJMA AND ALSO STYLES SHOE

2) FAVORITE SINGER IS KISHORE DA

3) FAVORITE STATE GUJARAT AND KOLKATA , HIS VILLAGE IN BIHAR

4) FAVORITE COLOR BLACK AND WHITE

THEY ALSO LOVE cricket like IPL and one day t-20 .they also like watching a News daily and heard the song daily ,they also interested in tik tok video but in current time tik tok is banned in india but also few videos are in you tube. In lockdown time my family and me very enjoy day daily. my father play daily ludo with his sister and son, daughter.they always loved tea and coffee anytime call me "। विवेक थोड़ा चाय बनाओना विवेक तुम्हारे हाथ का चाय अच्छा लगता है". I make it tea for my father but some reason after the April to june they are suffering from fever and cough , weakness on 6 June 2020 my father death. they not told me say bye bye his life. After death of 6 June on 10 june my mom and dad anniversary.but my father is Best in the world they can do anything for me please take care of father and respect it of your parents

1

आखिरी प्रयास

आखिरी प्रयास

एक समय की बात है. एक राज्य में एक प्रतापी राजा राज करता था. एक दिन उसके दरबार में एक विदेशी आगंतुक आया और उसने राजा को एक सुंदर पत्थर उपहार स्वरूप प्रदान किया.

राजा वह पत्थर देख बहुत प्रसन्न हुआ. उसने उस पत्थर से भगवान विष्णु की प्रतिमा का निर्माण कर उसे राज्य के मंदिर में स्थापित करने का निर्णय लिया और प्रतिमा निर्माण का कार्य राज्य के महामंत्री को सौंप दिया.

महामंत्री गाँव के सर्वश्रेष्ठ मूर्तिकार के पास गया और उसे वह पत्थर देते हुए बोला, "महाराज मंदिर में भगवान विष्णु की प्रतिमा स्थापित करना चाहते हैं. सात दिवस के भीतर इस पत्थर से भगवान विष्णु की प्रतिमा तैयार कर राजमहल पहुँचा देना. इसके लिए तुम्हें ५० स्वर्ण मुद्रायें दी जायेंगी."

५० स्वर्ण मुद्राओं की बात सुनकर मूर्तिकार ख़ुश हो गया और महामंत्री के जाने के उपरांत प्रतिमा का निर्माण कार्य प्रारंभ करने के उद्देश्य से अपने औज़ार निकाल लिए. अपने औज़ारों में से उसने एक हथौड़ा लिया और पत्थर तोड़ने के लिए उस पर हथौड़े से वार करने लगा. किंतु पत्थर जस का तस रहा. मूर्तिकार ने हथौड़े के कई वार पत्थर पर किये. किंतु पत्थर नहीं टूटा.

पचास बार प्रयास करने के उपरांत मूर्तिकार ने अंतिम बार प्रयास करने के उद्देश्य से हथौड़ा उठाया, किंतु यह सोचकर हथौड़े पर प्रहार करने के पूर्व ही उसने हाथ खींच लिया कि जब पचास बार वार करने से पत्थर नहीं टूटा, तो अब क्या टूटेगा.

वह पत्थर लेकर वापस महामंत्री के पास गया और उसे यह कह वापस कर आया कि इस पत्थर को तोड़ना नामुमकिन है. इसलिए इससे भगवान विष्णु की प्रतिमा नहीं बन सकती.

महामंत्री को राजा का आदेश हर स्थिति में पूर्ण करना था. इसलिए उसने भगवान विष्णु की प्रतिमा निर्मित करने का कार्य गाँव के एक साधारण से मूर्तिकार को सौंप दिया. पत्थर लेकर मूर्तिकार ने महामंत्री के सामने ही उस पर हथौड़े से प्रहार किया और वह पत्थर एक बार में ही टूट गया.

पत्थर टूटने के बाद मूर्तिकार प्रतिमा बनाने में जुट गया. इधर महामंत्री सोचने लगा कि काश, पहले मूर्तिकार ने एक अंतिम प्रयास और किया होता, तो सफ़ल हो गया होता और ५० स्वर्ण मुद्राओं का हक़दार बनता.

सीख

मित्रों, हम भी अपने जीवन में ऐसी परिस्थितियों से दो-चार होते रहते हैं. कई बार किसी कार्य को करने के पूर्व या किसी समस्या के सामने आने पर उसका निराकरण करने के पूर्व ही हमारा आत्मविश्वास डगमगा जाता है और हम प्रयास किये बिना ही हार मान लेते हैं. कई बार हम एक-दो प्रयास में असफलता मिलने पर आगे प्रयास करना छोड़ देते हैं. जबकि हो सकता है कि कुछ प्रयास और करने पर कार्य पूर्ण हो जाता या समस्या का समाधान हो जाता. यदि जीवन में सफलता प्राप्त करनी है, तो बार-बार असफ़ल होने पर भी तब तक प्रयास करना नहीं छोड़ना चाहिये, जब तक सफ़लता नहीं मिल जाती. क्या पता, जिस प्रयास को करने के पूर्व हम हाथ खींच ले, वही हमारा अंतिम प्रयास हो और उसमें हमें कामयाबी प्राप्त हो जाये.

2
शिकंजी का स्वाद

शिकंजी का स्वाद

एक प्रोफ़ेसर क्लास ले रहे थे. क्लास के सभी छात्र बड़ी ही रूचि से उनके लेक्चर को सुन रहे थे. उनके पूछे गये सवालों के जवाब दे रहे थे. लेकिन उन छात्रों के बीच कक्षा में एक छात्र ऐसा भी था, जो चुपचाप और गुमसुम बैठा हुआ था.

प्रोफ़ेसर ने पहले ही दिन उस छात्र को नोटिस कर लिया, लेकिन कुछ नहीं बोले. लेकिन जब ४-५ दिन तक ऐसा ही चला, तो उन्होंने उस छात्र को क्लास के बाद अपने केबिन में बुलवाया और पूछा, "तुम हर समय उदास रहते हो. क्लास में अकेले और चुपचाप बैठे रहते हो. लेक्चर पर भी ध्यान नहीं देते. क्या बात है? कुछ परेशानी है क्या?"

"सर, वो....." छात्र कुछ हिचकिचाते हुए बोला, "....मेरे अतीत में कुछ ऐसा हुआ है, जिसकी वजह से मैं परेशान रहता हूँ. समझ नहीं आता क्या करूं?"

प्रोफ़ेसर भले व्यक्ति थे. उन्होंने उस छात्र को शाम को अपने घर पर बुलवाया. शाम को जब छात्र प्रोफ़ेसर के घर पहुँचा, तो प्रोफ़ेसर ने उसे अंदर बुलाकर बैठाया. फिर स्वयं किचन में चले गये और शिकंजी बनाने लगे. उन्होंने जानबूझकर शिकंजी में ज्यादा नमक डाल दिया.

फिर किचन से बाहर आकर शिकंजी का गिलास छात्र को देकर कहा, "ये लो, शिकंजी पियो."

छात्र ने गिलास हाथ में लेकर जैसे ही एक घूंट लिया, अधिक नमक के स्वाद के कारण उसका मुँह अजीब सा बन गया. यह देख प्रोफ़ेसर ने पूछा, "क्या हुआ? शिकंजी पसंद नहीं आई?"

"नहीं सर, ऐसी बात नहीं है. बस शिकंजी में नमक थोड़ा ज्यादा है." छात्र बोला.

"अरे, अब तो ये बेकार हो गया. लाओ गिलास मुझे दो. मैं इसे फेंक देता हूँ." प्रोफ़ेसर ने छात्र से गिलास लेने के लिए अपना हाथ बढ़ाया. लेकिन छात्र ने मना करते हुए कहा, "नहीं सर, बस नमक ही तो ज्यादा है. थोड़ी चीनी और मिलायेंगे, तो स्वाद ठीक हो जायेगा."

यह बात सुन प्रोफ़ेसर गंभीर हो गए और बोले, "सही कहा तुमने. अब इसे समझ भी जाओ. ये शिकंजी तुम्हारी जिंदगी है. इसमें घुला अधिक नमक तुम्हारे अतीत के बुरे अनुभव है. जैसे नमक को शिकंजी से बाहर नहीं निकाल सकते, वैसे ही उन बुरे अनुभवों को भी जीवन से अलग नहीं कर सकते. वे बुरे अनुभव भी जीवन का हिस्सा ही हैं. लेकिन जिस तरह हम चीनी घोलकर शिकंजी का स्वाद बदल सकते हैं. वैसे ही बुरे अनुभवों को भूलने के लिए जीवन में मिठास तो घोलनी पड़ेगी ना. इसलिए मैं चाहता हूँ कि तुम अब अपने जीवन में मिठास घोलो."

प्रोफ़ेसर की बात छात्र समझ गया और उसने निश्चय किया कि अब वह बीती बातों से परेशान नहीं होगा.

सीख

जीवन में अक्सर हम अतीत की बुरी यादों और अनुभवों को याद कर दुःखी होते रहते हैं. इस तरह हम अपने वर्तमान पर ध्यान नहीं दे पाते और कहीं न कहीं अपना भविष्य बिगाड़ लेते हैं. जो हो चुका, उसे सुधारा नहीं जा सकता. लेकिन कम से कम उसे भुलाया तो जा सकता है और उन्हें भुलाने के लिए नई मीठी यादें हमें आज बनानी होगी. जीवन में मीठे और ख़ुशनुमा लम्हों को लाइये, तभी तो जीवन में मिठास आयेगी.

3

शार्क और चारा मछलियाँ

शार्क और चारा मछलियाँ

अपने शोध के दौरान एक समुद्री जीवविज्ञानी ने पानी से भरे एक बड़े टैंक में शार्क को डाला. कुछ देर बाद उसने उसमें कुछ चारा मछलियाँ डाल दी.

चारा मछलियों को देखते ही शार्क तुरंत तैरकर उनकी ओर गई और उन पर हमला कर उन्हें खा लिया. समुद्री जीवविज्ञानी ने कुछ और चारा मछलियाँ टैंक में डाली और वे भी तुरंत शार्क का आहार बन गई.

अब समुद्री जीवविज्ञानी ने एक कांच का मजबूत पारदर्शी टुकड़ा उस टैंक के बीचों-बीच डाल दिया. अब टैंक दो भागों में बंट चुका था. एक भाग में शार्क थी. दूसरे भाग में उसने कुछ चारा मछली डाल दी.

विभाजक पारदर्शी कांच से शार्क चारा मछलियाँ को देख सकती थी. चारा मछलियों के देख शार्क फिर से उन पर हमला करने के लिए उस ओर तैरी. लेकिन कांच के विभाजक टुकड़े से टकरा कर रह गई. उसने फिर से कोशिश की. लेकिन कांच के टुकड़े के कारण वह चारा मछलियों तक नहीं पहुँच सकी.

शार्क ने दर्जनों बार पूरी आक्रामकता के साथ चारा मछलियों पर हमला करने की कोशिश की. लेकिन बीच में कांच का टुकड़ा आ जाने के कारण वह असफल रही. कई दिनों तक शार्क उन कांच के विभाजक के पार जाने का प्रयास करती रही. लेकिन सफल न हो सकी. अंततः थक-हारकर उसने एक दिन हमला करना छोड़ दिया और टैंक के अपने भाग में रहने लगी.

कुछ दिनों बाद समुद्री जीवविज्ञानी ने टैंक से वह कांच का विभाजक हटा दिया. लेकिन शार्क ने कभी उन चारा मछलियों पर हमला नहीं किया क्योंकि एक काल्पनिक विभाजक उसने दिमाग में बस चुका था और उसने सोच लिया था कि वह उसे पार नहीं कर सकती.

सीख

जीवन में असफ़लता का सामना करते-करते कई बार हम अंदर से टूट जाते हैं और हार मान लेते हैं. हम सोच लेते हैं कि अब चाहे कितनी भी कोशिश कर लें, सफ़लता हासिल करना नामुमकिन है और उसके बाद हम कभी कोशिश ही नहीं करते. जबकि सफ़लता प्राप्ति के लिए अनवरत प्रयास आवश्यक है. परिस्तियाँ परिस्थितियाँ बदलती रहती हैं. इसलिये अतीत की असफ़लता को दिमाग पर हावी न होने दें और पूरी लगन से फिर मेहनत करें. सफलता आपके कदम चूमेगी.

4
चार मोमबत्तियाँ

चार मोमबत्तियाँ

रात का समय था. चारों ओर घुप्प अंधेरा छाया हुआ था. केवल एक ही कमरा प्रकाशित था. वहाँ चार मोमबत्तियाँ जल रही थी.

चारों मोमबत्तियाँ एकांत देख आपस में बातें करने लगी. पहली मोमबत्ती बोली, "मैं शांति हूँ. जब मैं इस दुनिया को देखती हूँ, तो बहुत दुःखी होती हूँ. चारों ओर आपा-धापी, लूट-खसोट और हिंसा का बोलबाला है. ऐसे में यहाँ रहना बहुत मुश्किल है. मैं अब यहाँ और नहीं रह सकती." इतना कहकर मोमबत्ती बुझ गई.

दूसरी मोमबत्ती भी अपने मन की बात कहने लगी, "मैं विश्वास हूँ. मुझे लगता है कि झूठ, धोखा, फरेब, बेईमानी मेरा वजूद ख़त्म करते जा रहे हैं. ये जगह अब मेरे लायक नहीं रही. मैं भी जा रही हूँ." इतना कहकर दूसरी मोमबत्ती भी बुझ गई.

तीसरी मोमबत्ती भी दुःखी थी. वह बोली, "मैं प्रेम हूँ. मैं हर किसी के लिए हर पल जल सकती हूँ. लेकिन अब किसी के पास मेरे लिए वक़्त नहीं बचा. स्वार्थ और नफरत का भाव मेरा स्थान लेता जा रहा है. लोगों के मन में अपनों के प्रति भी प्रेम-भावना नहीं बची. अब ये सहना मेरे बस की बात नहीं. मेरे लिए जाना ही ठीक होगा." कहकर तीसरी मोमबत्ती भी बुझ गई.

तीसरी बत्ती बुझी ही थी कि कमरे में एक बालक ने प्रवेश किया. मोमबत्तियों को बुझा हुआ देख उसे बहुत दुःख हुआ. उसकी आँखों से आँसू बहने लगे. दुःखी मन से वो बोला, "इस तरह बीच में ही मेरे जीवन में अंधेरा कर कैसे जा सकती हो तुम. तुम्हें तो अंत तक पूरा जलना था. लेकिन तुमने मेरा साथ छोड़ दिया. अब मैं क्या करूंगा?"

बालक की बात सुन चौथी मोमबत्ती बोली, "घबराओ नहीं बालक. मैं आशा हूँ और मैं तुम्हारे साथ हूँ. जब तक मैं जल रही हूँ, तुम मेरी लौ से दूसरी मोमबत्तियों को जला सकते हो."

चौथी मोमबत्ती की बात सुनकर बालक का ढाढस बंध गया. उसने आशा के साथ शांति, विश्वास और प्रेम को पुनः प्रकाशित कर लिया.

सीख

जीवन में समय एक सा नहीं रहता. कभी उजाला रहता है, तो कभी अँधेरा. जब जीवन में अंधकार आये, मन अशांत हो जाये, विश्वास डगमगाने लगे और दुनिया पराई लगने लगे. तब आशा का दीपक जला लेना. जब तक आशा का दीपक जलता रहेगा, जीवन में कभी अँधेरा नहीं हो सकता. आशा के बल पर जीवन में सबकुछ पाया जा सकता है. इसलिए आशा का साथ कभी ना छोड़े.

5
समस्या का दूसरा पहलू

समस्या का दूसरा पहलू

पिता ऑफिस का काम करने में व्यस्त था. उसका १० साल का बच्चा बार-बार कोई सा कोई सवाल लेकर उसके पास आता और पूछ-पूछकर तंग करता. बच्चे की इस हरकत से पिता परेशान हो रहा था.

इसका हल निकालते हुए उसने सोचा क्यों ना बच्चे को कोई ऐसा काम दे दूं, जिसमें वह कुछ घंटे उलझा रहे. उतने समय में मैं अपना काम निपटा लूंगा.

अबकी बार जब बच्चा आया, तो पिता ने एक पुरानी किताब उठा ली. उसके एक पेज पर वर्ल्ड मैप (World Map) बना हुआ था. उसने किताब का वह पेज फाड़ किया और फिर उस पेज को कई छोटे-छोटे टुकड़ों में काट दिया. वे टुकड़े बच्चे को देते हुए बोला, "यह पेज पर वर्ल्ड मैप बना हुआ था. मैंने इसे कुछ टुकड़ों में बांट दिया है. तुम्हें इन टुकड़ों को जोड़कर फिर से वर्ल्ड मैप तैयार करना है. जाओ इसे जाकर जोड़ो. जब वर्ल्ड मैप बन जाये, तब आकर मुझे दिखाना."

बच्चा वो टुकड़े लेकर चला गया. इधर पिता ने चैन की सांस ली कि अब कई घंटों तक बच्चा उसके पास नहीं आयेगा और वह शांति से अपना काम कर पायेगा.

लेकिन ५ मिनट के भीतर ही बच्चा आ गया और बोला, "पापा, देखिये मैंने वर्ल्ड मैप बना लिया."

पिता ने चेक किया, तो पाया कि मैप बिल्कुल सही जुड़ा था. उसने हैरत में पूछा, "ये तुमने इतनी जल्दी कैसे कर लिया?"

"ये तो बहुत ही आसान था पापा. आपने जिस पेज के टुकड़े मुझे दिए थे, उसके एक साइड पर वर्ल्ड मैप बना था, एक साइड पर कार्टून. मैंने कार्टून को जोड़ दिया, वर्ल्ड मैप अपने आप तैयार हो गया."

पिता बस बच्चे को देखता रह गया.

सीख – अक्सर हम कोई बड़ी समस्या सामने आने पर उसे देख ये सोच लेते हैं कि समस्या बहुत बड़ी है और वो हल हो ही नहीं सकती. हम उसका एक पहलू देखते हैं और अपना दृष्टिकोण बना लेते हैं. जबकि उसका दूसरा पहलू भी हो सकता है, जहाँ से उसका हल बहुत आसानी से निकल आये. इसलिए जीवन में जब भी समस्या आये, तो हर पहलू देखकर उसका आंकलन करना चाहिए. कोई न कोई आसान हल ज़रूर मिल जायेगा.

6

हमेशा सीखते रहो

हमेशा सीखते रहो

एक बार गाँव के दो व्यक्तियों ने शहर जाकर पैसे कमाने का निर्णय लिया. शहर जाकर कुछ महीने इधर-उधर छोटा-मोटा काम कर दोनों ने कुछ पैसे जमा किये. फिर उन पैसों से अपना-अपना व्यवसाय प्रारंभ किया. दोनों का व्यवसाय चल पड़ा. दो साल में ही दोनों ने अच्छी ख़ासी तरक्की कर ली.

व्यवसाय को फलता-फूलता देख पहले व्यक्ति ने सोचा कि अब तो मेरे काम चल पड़ा है. अब तो मैं तरक्की की सीढ़ियाँ चढ़ता चला जाऊंगा. लेकिन उसकी सोच के विपरीत व्यापारिक उतार-चढ़ाव के कारण उसे उस साल अत्यधिक घाटा हुआ.

अब तक आसमान में उड़ रहा वह व्यक्ति यथार्थ के धरातल पर आ गिरा. वह उन कारणों को तलाशने लगा, जिनकी वजह से उसका व्यापार बाज़ार की मार नहीं सह पाया. सबने पहले उसने उस दूसरे व्यक्ति के व्यवसाय की स्थिति का पता लगाया, जिसने उसके साथ ही व्यापार आरंभ किया था. वह यह जानकर हैरान रह गया कि इस उतार-चढ़ाव और मंदी के दौर में भी उसका व्यवसाय मुनाफ़े में है. उसने तुरंत उसके पास जाकर इसका कारण जानने का निर्णय लिया.

अगले ही दिन वह दूसरे व्यक्ति के पास पहुँचा. दूसरे व्यक्ति ने उसका खूब आदर-सत्कार किया और उसके आने का कारण पूछा. तब पहला व्यक्ति बोला, “दोस्त! इस वर्ष मेरा व्यवसाय बाज़ार की मार नहीं झेल पाया. बहुत घाटा झेलना पड़ा. तुम भी तो इसी व्यवसाय में हो. तुमने ऐसा क्या किया कि इस उतार-चढ़ाव के दौर में भी तुमने मुनाफ़ा कमाया?”

यह बात सुन दूसरा व्यक्ति बोला, "भाई! मैं तो बस सीखता जा रहा हूँ, अपनी गलती से भी और साथ ही दूसरों की गलतियों से भी. जो समस्या सामने आती है, उसमें से भी सीख लेता हूँ. इसलिए जब दोबारा वैसी समस्या सामने आती है, तो उसका सामना अच्छे से कर पाता हूँ और उसके कारण मुझे नुकसान नहीं उठाना पड़ता. बस ये सीखने की प्रवृत्ति ही है, जो मुझे जीवन में आगे बढ़ाती जा रही है."

दूसरे व्यक्ति की बात सुनकर पहले व्यक्ति को अपनी भूल का अहसास हुआ. सफ़लता के मद में वो अति-आत्मविश्वास से भर उठा था और सीखना छोड़ दिया था. वह यह प्रण कर वापस लौटा कि कभी सीखना नहीं छोड़ेगा. उसके बाद उसने कभी पीछे मुड़कर नहीं देखा और तरक्की की सीढ़ियाँ चढ़ता चला गया.

सीख

दोस्तों, जीवन में कामयाब होना है, तो इसे पाठशाला मान हर पल सीखते रहिये. यहाँ नित नए परिवर्तन और नए विकास होते रहते हैं. यदि हम स्वयं को सर्वज्ञाता समझने की भूल करेंगे, तो जीवन की दौड़ में पिछड़ जायेंगे. क्योंकि इस दौड़ में जीतता वही है, जो लगातार दौड़ता रहता है. जिसें दौड़ना छोड़ दिया, उसकी हार निश्चित है. इसलिए सीखने की ललक खुद में बनाये रखें, फिर कोई बदलाव, कोई उतार-चढ़ाव आपको आगे बढ़ने से नहीं रोक सकता.

7
हीरे की खान

हीरे की खान

अफ्रीका महाद्वीप में हीरों की कई खानों की खोज हो चुकी थी, जहाँ से बहुतायत में हीरे प्राप्त हुए थे. वहाँ के एक गाँव में रहने वाला किसान अक्सर उन लोगों की कहानियाँ सुना करता था, जिन्होंने हीरों की खान खोजकर अच्छे पैसे कमाये और अमीर बन गए. वह भी हीरे की खान खोजकर अमीर बनना चाहता था.

एक दिन अमीर बनने के सपने को साकार करने के लिए उसने अपना खेत बेच दिया और हीरों की खान की खोज में निकल पड़ा. अफ्रीका के लगभग सभी स्थान छान मारने के बाद भी उसे हीरों का कुछ पता नहीं चला. समय गुजरने के साथ उसका मनोबल गिरने लगा. उसे अपना अमीर बनने का सपना टूटता दिखाई देने लगा. वह इतना हताश हो गया कि उसके जीने की तमन्ना ही समाप्त हो गई और एक दिन उसने नदी में कूदकर अपनी जान दे दी.

इस दौरान दूसरा किसान, जिसने पहले किसान से उसका खेत खरीदा था, एक दिन उसी खेत के मध्य बहती छोटी नदी पर गया. सहसा उसे नदी के पानी में से इंद्रधनुषी प्रकाश फूटता दिखाई पड़ा. उसने ध्यान से देखा, तो पाया कि नदी के किनारे एक पत्थर पर सूर्य की किरणें पड़ने से वह चमक रहा था. किसान ने झुककर वह पत्थर उठा लिया और घर ले आया.

वह एक ख़ूबसूरत पत्थर था. उसने सोचा कि यह सजावट के काम आएगा और उसने उसे घर पर ही सजा लिया. कई दिनों तक वह पत्थर उसके घर पर सजा रहा. एक दिन उसके घर उसका एक मित्र आया. उसने जब वह पत्थर देखा, तो हैरान रह गया.

उसने किसान से पूछा, "मित्र! तुम इस पत्थर ही कीमत की जानते हो?"

किसान ने जवाब दिया, "नहीं."

"मेरे ख्याल से ये हीरा है. शायद अब तक खोजे गए हीरों में सबसे बड़ा हीरा." मित्र बोला.

किसान के लिए इस बात पर यकीन करना मुश्किल था. उसने अपने मित्र को बताया कि उसे यह पत्थर अपने खेत की नदी के किनारे मिला है. वहाँ ऐसे और भी पत्थर हो सकते हैं."

दोनों खेत पहुँचे और वहाँ से कुछ पत्थर नमूने के तौर पर चुन लिए. फिर उन्हें जाँच के लिए भेज दिया. जब जाँच रिपोर्ट आयी, तो किसान के मित्र की बात सच निकली. वे पत्थर हीरे ही थे. उस खेत में हीरों का भंडार था. वह उस समय तक खोजी गई सबसे कीमती हीरे की खदान थी. उसका खदान का नाम 'किम्बर्ले डायमंड माइन्स' है. दूसरा किसान उस खदान की वजह से मालामाल हो गया.

पहला किसान अफ्रीका में दर-दर भटका और अंत में जान दे दी. जबकि हीरे की खान उसके अपने खेत में उसके क़दमों तले थी.

सीख

मित्रों, इस कहानी में हीरे पहले किसान के कदमों तले ही थे, लेकिन वह उन्हें पहचान नहीं पाया और उनकी खोज में भटकता रहा. ठीक वैसे ही हम भी सफलता प्राप्ति के लिए अच्छे अवसरों की तलाश में भटकते रहते हैं. हम उन अवसरों को पहचान नहीं पाते या पहचानकर भी महत्व नहीं देते, जो हमारे आस-पास ही छुपे रहते हैं. जीवन में सफ़ल होना है, तो आवश्यकता है बुद्धिमानी और परख से उन अवसरों को पहचानने की और धैर्य से अनवरत कार्य करने की. सफ़लता निश्चित है.

8

जो चाहोगे सो पाओगे

जो चाहोगे सो पाओगे

एक साधु घाट किनारे अपना डेरा डाले हुए था. वहाँ वह धुनी रमा कर दिन भर बैठा रहता और बीच-बीच में ऊँची आवाज़ में चिल्लाता, “जो चाहोगे सो पाओगे!”

उस रास्ते से गुजरने वाले लोग उसे पागल समझते थे. वे उसकी बात सुनकर अनुसना कर देते और जो सुनते, वे उस पर हँसते थे.

एक दिन एक बेरोजगार युवक उस रास्ते से गुजर रहा था. साधु की चिल्लाने की आवाज़ उसके कानों में भी पड़ी – “जो चाहोगे सो पाओगे!” “जो चाहोगे सो पाओगे!”.

ये वाक्य सुनकर वह युवक साधु के पास आ गया और उससे पूछने लगा, “बाबा! आप बहुत देर से जो चाहोगे सो पाओगे चिल्ला रहे हो. क्या आप सच में मुझे वो दे सकते हो, जो मैं पाना चाहता हूँ?”

साधु बोला, “हाँ बेटा, लेकिन पहले तुम मुझे ये बताओ कि तुम पाना क्या चाहते हो?”

“बाबा! मैं चाहता हूँ कि एक दिन मैं हीरों का बहुत बड़ा व्यापारी बनूँ. क्या आप मेरी ये इच्छा पूरी कर सकते हैं?” युवक बोला.

“बिल्कुल बेटा! मैं तुम्हें एक हीरा और एक मोती देता हूँ, उससे तुम जितने चाहे हीरे-मोती बना लेना.” साधु बोला. साधु की बात सुनकर युवक की आँखों में आशा की ज्योति चमक उठी.

फिर साधु ने उसे अपनी दोनों हथेलियाँ आगे बढ़ाने को कहा. युवक ने अपनी हथेलियाँ साधु के सामने कर दी. साधु ने पहले उसकी एक हथेली पर अपना हाथ रखा और बोला, “बेटा, ये इस दुनिया का सबसे अनमोल हीरा है. इसे ‘समय’ कहते

हैं. इसे जोर से अपनी मुठ्ठी में जकड़ लो. इसके द्वारा तुम जितने चाहे उतने हीरे बना सकते हो. इसे कभी अपने हाथ से निकलने मत देना."

फिर साधु ने अपना दूसरा हाथ युवक की दूसरी हथेली पर रखकर कहा, "बेटा, ये दुनिया का सबसे कीमती मोती है. इसे 'धैर्य' कहते हैं. जब किसी कार्य में समय लगाने के बाद भी वांछित परिणाम प्राप्त ना हो, तो इस धैर्य नामक मोती को धारण कर लेना. यदि यह मोती तुम्हारे पास है, तो तुम दुनिया में जो चाहो, वो हासिल कर सकते हो."

युवक ने ध्यान से साधु की बात सुनी और उन्हें धन्यवाद कर वहाँ से चल पड़ा. उसे सफ़लता प्राप्ति के दो गुरुमंत्र मिल गए थे. उसने निश्चय किया कि वह कभी अपना समय व्यर्थ नहीं गंवायेगा और सदा धैर्य से काम लेगा.

कुछ समय बाद उसने हीरे के एक बड़े व्यापारी के यहाँ काम करना प्रारंभ किया. कुछ वर्षों तक वह दिल लगाकर व्यवसाय का हर गुर सीखता रहा और एक दिन अपनी मेहनत और लगन से अपना सपना साकार करते हुए हीरे का बहुत बड़ा व्यापारी बना.

सीख

लक्ष्य प्राप्ति के लिए सदा 'समय' और 'धैर्य' नाम के हीरे-मोती अपने साथ रखें. अपना समय कभी व्यर्थ ना जाने दें और कठिन समय में धैर्य का दामन ना छोड़ें. सफ़लता अवश्य प्राप्त होगी.

9
मछुआरों की समस्या

मछुआरों की समस्या

मछलियाँ सालों से जापानियों की प्रिय खाद्य पदार्थ रही हैं. वे इसे अपने भोजन का एक अभिन्न अंग मानते हैं. ताज़ी मछलियों का स्वाद उन्हें बहुत पसंद हैं. लेकिन तटों पर मछलियों के अभाव के कारण मछुआरों को समुद्र के बीच जाकर मछलियाँ पकड़नी पड़ती हैं.

शुरुवाती दिनों में जब मछुआरे मछलियाँ पकड़ने बीच समुद्र में जाते, तो वापस आते-आते बहुत देर हो जाती और मछलियाँ बासी हो जाती. यह उनके लिए एक बड़ी समस्या बन गई क्योंकि लोग बासी मछलियाँ ख़रीदने से कतराते थे.

इस समस्या का निराकरण मछुआरों ने अपनी बोट में फ्रीज़र लगवाकर किया. वे मछलियाँ पकड़ने के बाद उन्हें फ्रीज़र में डाल देते थे. इससे मछलियाँ लंबे समय तक ताज़ी बनी रहती थी. लेकिन लोगों ने फ्रीज़र में रखी मछलियों का स्वाद पहचान लिया. वे ताज़ी मछलियों की तरह स्वादिष्ट नहीं लगती थी. लोग उन्हें ख़ास पसंद नहीं करते थे और ख़रीदना नहीं चाहते थे.

मछुआरों के मध्य इस समस्या का हल निकालने के किये फिर से सोच-विचार की प्रक्रिया प्रारंभ हुई. आख़िरकार इसका हल भी मिल गया. सभी मछुआरों ने अपनी बोट में फिश टैंक बनवा लिया. मछलियाँ पकड़ने के बाद वे उन्हें पानी से भरे फिश टैंक में डाल देते. इस तरह वे ताज़ी मछलियाँ बाज़ार तक लाने लगे. लेकिन इसमें भी एक समस्या आ खड़ी हुई.

फिश टैंक में मछलियाँ कुछ देर तक इधर-उधर विचरण करती. लेकिन ज्यादा जगह न होने के कारण कुछ देर बाद स्थिर हो जाती. मछुआरे जब किनारे तक पहुँचते, तो वे सांस तो ले रही होती थी. लेकिन समुद्री जल में स्वतंत्र विचरण करने

वाली मछलियों वाला स्वाद उनमें नहीं होता था. लोग चखकर ये अंतर कर लेते थे.

ये मछुआरों के लिए फिर से परेशानी का सबब बन गई. इतनी कोशिश करने के बाद भी समस्या का कोई स्थाई हल नहीं निकल पा रहा था.

फिर से उनकी बैठक हुई और सोच-विचार प्रारंभ हुआ. सोच-विचार कर जो हल निकाला गया, उसके अनुसार मछुआरों ने मछलियाँ पकड़कर फिश टैंक में डालना जारी रखा. लेकिन साथ में उन्होंने एक छोटी शार्क मछली भी टैंक में डालनी शुरू कर दी.

शार्क मछलियाँ कुछ मछलियों को मारकर खा जाती थी. इस तरह कुछ हानि मछुआरों को ज़रूर होती थी. लेकिन जो मछलियाँ किनारे तक पहुँचती थी, उनमें स्फूर्ती और ताजगी बनी रहती थी. ऐसा शार्क मछली के कारण होता था. क्योंकि शार्क मछली के डर से मछलियाँ पूरे समय अपनी जान बचाने सावधान और चौकन्नी रहती थी. इस तरह टैंक में रहने के बाबजूद वे ताज़ी रहती थीं.

इस तरकीब से जापानी मछुआरों ने अपनी समस्या का समाधान कर लिया.

मित्रों, जब तक हमारी जिंदगी में शार्क रूपी चुनौतियाँ नहीं आती, हमारा जीवन टैंक में पड़ी मछलियों की तरह ही होता है – बेजान और नीरस. हम सांस तो ले रही होते हैं, लेकिन हममें जिंदादिली नहीं होती. हम बस एक ही रूटीन से बंध कर रह जाते हैं. धीरे-धीरे हम इसके इतने आदी हो जाते हैं कि चुनौतियाँ आने पर बड़ी जल्दी उसके सामने दम तोड़ देते हैं या हार मान जाते हैं. धीरे-धीरे चुनौतियों और मेहनत के डर से हम बड़े सपने देखना छोड़ देते हैं और हालातों से समझौता कर साधारण जीवन व्यतीत करने लगते हैं. यदि जीवन में बड़ी और असाधारण सफ़लता हासिल करनी है, तो बड़े सपने देखने होंगें. सपनों को वास्तविकता में परिवर्तित करने के लिए कड़ी मेहनत करनी होगी, चुनौतियों का सामना करने के लिए खुद को तैयार करना होगा. तब ही बड़ी और असाधारण सफ़लता की प्राप्ति होगी.

10
स्वप्न कक्ष

स्वप्न कक्ष

एक शहर में एक परिश्रमी, ईमानदार और सदाचारी लड़का रहता था. माता-पिता, भाई-बहन, मित्र, रिश्तेदार सब उसे बहुत प्यार करते थे. सबकी सहायता को तत्पर रहने के कारण पड़ोसी से लेकर सहकर्मी तक उसका सम्मान करते थे. सब कुछ अच्छा था, किंतु जीवन में वह जिस सफ़लता प्राप्ति का सपना देखा करता था, वह उसे उससे कोसों दूर था.

वह दिन-रात जी-जान लगाकर मेहनत करता, किंतु असफ़लता ही उसके हाथ लगती. उसका पूरा जीवन ऐसे ही निकल गया और अंत में जीवनचक्र से निकलकर वह कालचक्र में समा गया.

चूंकि उसने जीवन में सुकर्म किये थे, इसलिए उसे स्वर्ग की प्राप्ति हुई. देवदूत उसे लेकर स्वर्ग पहुँचे. स्वर्गलोक का अलौकिक सौंदर्य देख वह मंत्रमुग्ध हो गया और देवदूत से बोला, "ये कौन सा स्थान है?"

"ये स्वर्गलोक है. तुम्हारे अच्छे कर्म के कारण तुम्हें स्वर्ग में स्थान प्राप्त हुआ है. अब से तुम यहीं रहोगे." देवदूत ने उत्तर दिया.

यह सुनकर लड़का खुश हो गया. देवदूत ने उसे वह घर दिखाया, जहाँ उसके रहने की व्यवस्था की गई थी. वह एक आलीशान घर था. इतना आलीशान घर उसने अपने जीवन में कभी नहीं देखा था.

देवदूत उसे घर के भीतर लेकर गया और एक-एक कर सारे कक्ष दिखाने लगा. सभी कक्ष बहुत सुंदर थे. अंत में वह उसे एक ऐसे कक्ष के पास लेकर गया, जिसके सामने "स्वप्न कक्ष" लिखा हुआ था.

जब वे उस कक्ष के अंदर पहुँचे, तो लड़का यह देखकर दंग रह गया कि वहाँ बहुत सारी वस्तुओं के छोटे-छोटे प्रतिरूप रखे हुए थे. ये वही वस्तुयें थीं, जिन्हें पाने के लिए उसने आजीवन मेहनत की थी, किंतु हासिल नहीं कर पाया था. आलीशान घर, कार, उच्चाधिकारी का पद और ऐसी ही बहुत सी चीज़ें, जो उसके सपनों में ही रह गए थे.

वह सोचने लगा कि इन चीज़ों को पाने के सपने मैंने धरती लोक में देखे थे, किंतु वहाँ तो ये मुझे मिले नहीं. अब यहाँ इनके छोटे प्रतिरूप इस तरह क्यों रखे हुए हैं? वह अपनी जिज्ञासा पर नियंत्रण नहीं रख पाया और पूछ बैठा, "ये सब...यहाँ...इस तरह...इसके पीछे क्या कारण है?"

देवदूत ने उसे बताया, "मनुष्य अपने जीवन बहुत से सपने देखता है और उनके पूरा हो जाने की कामना करता है. किंतु कुछ ही सपनों के प्रति वह गंभीर होता है और उन्हें पूरा करने का प्रयास करता है. ईश्वर और ब्रह्माण्ड मनुष्य के हर सपने पूरा करने की तैयारी करते है. लेकिन कई बार असफ़लता प्राप्ति से हताश होकर और कई बार दृढ़ निश्चय की कमी के कारण मनुष्य उस क्षण प्रयास करना छोड़ देता है, जब उसके सपने पूरे होने वाले ही होते हैं. उसके वही अधूरे सपने यहाँ प्रतिरूप के रूप में रखे हुए है. तुम्हारे सपने भी यहाँ प्रतिरूप के रूप में रखे है. तुमने अंत समय तक हार न मानी होती, तो उसे अपने जीवन में प्राप्त कर चुके होते."

लड़के को अपने जीवन काल में की गई गलती समझ आ गई. किंतु मृत्यु पश्चात् अब वह कुछ नहीं कर सकता था.

मित्रों, किसी भी सपने को पूर्ण करने की दिशा में काम करने के पूर्व यह दृढ़ निश्चय कर लें कि चाहे कितनी भी मुश्किलें क्यों न आये? चाहे कितनी बार भी असफ़लता का सामना क्यों न करना पड़े? अपने सपनों को पूरा करने की दिशा में तब तक प्रयास करते रहेंगे, जब तब वे पूरे नहीं हो जाते. अन्यथा समय निकल जाने के बाद यह मलाल रह जाएगा कि काश मैंने थोड़ा प्रयास और किया होता. अपने सपनों को अधूरा मत रहने दीजिये, दृढ़ निश्चय और अथक प्रयास से उन्हें हकीक़त में तब्दील करके ही दम लीजिये.

11
चिड़िया और किसान

चिड़िया और किसान

एक गाँव में एक किसान रहता था. उसका गाँव के बाहर एक छोटा सा खेत था. एक बार फसल बोने के कुछ दिनों बाद उसके खेत में चिड़िया ने घोंसला बना लिया.

कुछ समय बीता, तो चिड़िया ने वहाँ दो अंडे भी दे दिए. उन अंडों में से दो छोटे-छोटे बच्चे निकल आये. वे बड़े मज़े से उस खेत में अपना जीवन गुजारने लगे.

कुछ महीनों बाद फसल कटाई का समय आ गया. गाँव के सभी किसान अपने खेतों की फ़सल की कटाई में लग गए. अब चिड़िया और उसके बच्चों का वह खेत छोड़कर नए स्थान पर जाने का समय आ गया था.

एक दिन खेत में चिड़िया के बच्चों ने किसान को यह कहते सुना कि कल मैं फ़सल कटाई के लिए अपने पड़ोसी से पूछूंगा और उसे खेत में भेजूंगा. यह सुनकर चिड़िया के बच्चे परेशान हो गए. उस समय चिड़िया कहीं गई हुई थी. जब वह वापस लौटी, तो बच्चों ने उसे किसान की बात बताते हुए कहा, "माँ, आज हमारा यहाँ अंतिम दिन है. रात में हमें दूसरे स्थान के लिए यहाँ से निकला होगा."

चिड़िया ने उत्तर दिया, "इतनी जल्दी नहीं बच्चों. मुझे नहीं लगता कि कल खेत में फसल की कटाई होगी."

चिड़िया की कही बात सही साबित हुई. दूसरे दिन किसान का पड़ोसी खेत में नहीं आया और फ़सल की कटाई न हो सकी.

शाम को किसान खेत में आया और खेत को जैसे का तैसा देख बुदबुदाने लगा कि ये पड़ोसी तो नहीं आया. ऐसा करता हूँ कल अपने किसी रिश्तेदार को भेज देता हूँ."

चिड़िया के बच्चों ने फिर से किसान की बात सुन ली और परेशान हो गए. जब चिड़िया को उन्होंने ये बात बताई, तो वह बोली, "तुम लोग चिंता मत करो. आज रात हमें जाने की ज़रुरत नहीं है. मुझे नहीं लगता कि किसान का रिश्तेदार आएगा."

ठीक ऐसा ही हुआ और किसान का रिश्तेदार अगले दिन खेत नहीं पहुँचा. चिड़िया के बच्चे हैरान थे कि उनकी माँ की हर बात सही हो रही है.

अगली शाम किसान जब खेत आया, तो खेत की वही स्थिति देख बुदबुदाने लगा कि ये लोग तो कहने के बाद भी कटाई के लिए आते नहीं है. कल मैं ख़ुद आकर फ़सल की कटाई शुरू करूंगा.

चिड़िया के बच्चों ने किसान की ये बात भी सुन ली. अपनी माँ को जब उन्होंने ये बताया तो वह बोली, "बच्चों, अब समय आ गया है ये खेत छोड़ने का. हम आज रात ही ये खेत छोड़कर दूसरी जगह चले जायेंगे."

दोनों बच्चे हैरान थे कि इस बार ऐसा क्या है, जो माँ खेत छोड़ने को तैयार है. उन्होंने पूछा, तो चिड़िया बोली, "बच्चों, पिछली दो बार किसान कटाई के लिए दूसरों पर निर्भर था. दूसरों को कहकर उसने अपने काम से पल्ला झाड़ लिया था. लेकिन इस बार ऐसा नहीं है. इस बार उसने यह जिम्मेदारी अपने कंधों पर ले ली है. इसलिए वह अवश्य आएगा."

उसी रात चिड़िया और उसके बच्चे उस खेत से उड़ गए और कहीं और चले गए.

सीख

दूसरों की सहायता लेने में कोई बुराई नहीं है. किंतु यदि आप समय पर काम शुरू करना चाहते हैं और चाहते हैं कि वह समय पर पूरा हो जाये, तो उस काम की ज़िम्मेदारी स्वयं लेनी होगी. दूसरे भी मदद उसी की करते हैं, जो अपनी मदद करता है.

12
अपनी क्षमता पहचानो

अपनी क्षमता पहचानो

एक गाँव में एक आलसी आदमी रहता था. वह कुछ काम-धाम नहीं करता था. बस दिन भर निठल्ला बैठकर सोचता रहता था कि किसी तरह कुछ खाने को मिल जाये.

एक दिन वह यूं ही घूमते-घूमते आम के एक बाग़ में पहुँच गया. वहाँ रसीले आमों से लदे कई पेड़ थे. रसीले आम देख उसके मुँह में पानी आ गया और आम तोड़ने वह एक पेड़ पर चढ़ गया. लेकिन जैसे ही वह पेड़ पर चढ़ा, बाग़ का मालिक वहाँ आ पहुँचा.

बाग़ के मालिक को देख आलसी आदमी डर गया और जैसे-तैसे पेड़ से उतरकर वहाँ से भाग खड़ा हुआ. भागते-भागते वह गाँव में बाहर स्थित जंगल में जा पहुँचा. वह बुरी तरह से थक गया था. इसलिए एक पेड़ के नीचे बैठकर सुस्ताने लगा.

तभी उसकी नज़र एक लोमड़ी पर पड़ी. उस लोमड़ी की एक टांग टूटी हुई थी और वह लंगड़ाकर चल रही थी. लोमड़ी को देख आलसी आदमी सोचने लगा कि ऐसी हालत में भी इस जंगली जानवरों से भरे जंगल में ये लोमड़ी बच कैसे गई? इसका अब तक शिकार कैसे नहीं हुआ?

जिज्ञासा में वह एक पेड़ पर चढ़ गया और वहाँ बैठकर देखने लगा कि अब इस लोमड़ी के साथ आगे क्या होगा?

कुछ ही पल बीते थे कि पूरा जंगल शेर की भयंकर दहाड़ से गूंज उठा. जिसे सुनकर सारे जानवर डरकर भागने लगे. लेकिन लोमड़ी अपनी टूटी टांग के साथ भाग नहीं सकती थी. वह वहीं खड़ी रही.

शेर लोमड़ी के पास आने लगा. आलसी आदमी ने सोचा कि अब शेर लोमड़ी को मारकर खा जायेगा. लेकिन आगे जो हुआ, वह कुछ अजीब था. शेर लोमड़ी के पास पहुँचकर खड़ा हो गया. उसके मुँह में मांस का एक टुकड़ा था, जिसे उसने लोमड़ी के सामने गिरा दिया. लोमड़ी इत्मिनान से मांस के उस टुकड़े को खाने लगी. थोड़ी देर बाद शेर वहाँ से चला गया.

यह घटना देख आलसी आदमी सोचने लगा कि भगवान सच में सर्वेसर्वा है. उसने धरती के समस्त प्राणियों के लिए, चाहे वह जानवर हो या इंसान, खाने-पीने का प्रबंध कर रखा है. वह अपने घर लौट आया.

घर आकर वह २-३ दिन तक बिस्तर पर लेटकर प्रतीक्षा करने लगा कि जैसे भगवान ने शेर के द्वारा लोमड़ी के लिए भोजन भिजवाया था. वैसे ही उसके लिए भी कोई न कोई खाने-पीने का सामान ले आएगा.

लेकिन ऐसा कुछ नहीं हुआ. भूख से उसकी हालात ख़राब होने लगी. आख़िरकार उसे घर से बाहर निकलना ही पड़ा. घर के बाहर उसे एक पेड़ के नीचे बैठे हुए बाबा दिखाए पड़े. वह उनके पास गया और जंगल का सारा वृतांत सुनाते हुए वह बोला, "बाबा जी! भगवान मेरे साथ ऐसा क्यों कर रहे हैं? उनके पास जानवरों के लिए भोजन का प्रबंध है. लेकिन इंसानों के लिए नहीं."

बाबा जी ने उत्तर दिया, "बेटा! ऐसी बात नहीं है. भगवान के पास सारे प्रबंध है. दूसरों की तरह तुम्हारे लिए भी. लेकिन बात यह है कि वे तुम्हें लोमड़ी नहीं शेर बनाना चाहते हैं."

सीख

हम सबके भीतर क्षमताओं का असीम भंडार है. बस अपनी अज्ञानतावश हम उन्हें पहचान नहीं पाते और स्वयं को कमतर समझकर दूसरों की सहायता की प्रतीक्षा करते रहते हैं. स्वयं की क्षमता पहचानिए. दूसरों की सहायता की प्रतीक्षा मत करिए. इतने सक्षम बनिए कि आप दूसरों की सहायता कर सकें.

13

फांसी की सजा

फांसी की सजा

एक बार की बात है. यूनान के सम्राट किसी बात पर अपने वज़ीर से नाराज़ हो गये. नाराज़गी में उन्होंने वजीर के लिए फांसी की सजा का एलान कर दिया. फांसी का समय शाम के ६ बजे मुकर्रर किया गया.

फांसी की सजा दिए जाते समय वज़ीर दरबार में उपस्थित नहीं था. सम्राट ने सैनिकों को आदेश दिया, "जाओ, जाकर वज़ीर को बता दो कि शाम को ठीक ६ बजे उसे फांसी पर लटका दिया जायेगा."

सम्राट का आदेश मान सैनिक की एक टुकड़ी वज़ीर के घर पहुँची. उसके घर को चारों ओर से घेर लिया गया. कुछ सैनिक घर के अंदर गए. अंदर जाने पर उन्होंने देखा कि वहाँ तो जश्न का माहौल है. उस दिन वज़ीर का जन्मदिन था. उसके घर पर रिश्तेदारों और दोस्तों की चहल-पहल थी. संगीत बज रहा है. नाच-गाना चल रहा था. पूरे घर में पकवान की ख़ुशबू फ़ैल रही थी. कुल मिलाकर वहाँ का माहौल बड़ा ख़ुशनुमा था.

सैनिकों ने भरी महफ़िल में एलान कर वज़ीर को फांसी की सजा के बारे में बताया. यह भी बताया कि फांसी शाम ६ बजे दी जाएगी. यह एलान सुनकर वहाँ मौजूद हर शख्स हैरान रह गया. फ़ौरन संगीत और नाच-गाना बंद कर दिया गया. रिश्तेदार, दोस्त और परिवारजन उदास हो गए.

तभी कमरे में छाई ख़ामोशी में वज़ीर की आवाज़ गूंजी, "ऊपर वाले का लाख-लाख शुक्रिया कि उसने फांसी के लिए शाम ६ बजे तक का वक़्त दे दिया. तब तक हम सब जश्न मना सकते हैं."

वज़ीर की बात सुनकर दोस्तों, रिश्तेदारों और परिवारज़नों ने कहा, "कैसी बात कर रहे हो? फांसी की सजा सुनाई गई है तुम्हें और तुम जश्न मनाना चाहते हो."

वजीर ने किसी तरह सबको समझाया और जश्न फिर से शुरू करवाया. दोस्त उदास थे. लेकिन वज़ीर की ख़ुशी के लिए जश्न में शामिल हो गए.

यह ख़बर सैनिकों द्वारा सम्राट तक पहुँचाई गई. सम्राट पूरा माज़रा जानने वज़ीर के घर पहुँच गया. वहाँ पहुँचकर जब उसने सबको जश्न मानते हुए देखा, तो वह भी दंग रह गया. उसने वज़ीर से कहा, "तुम पागल हो गये हो क्या? शाम ६ बजे तुम्हें फांसी पर लटका दिया जायेगा और तुम जश्न मना रहे हो."

वज़ीर बड़े ही अदब से बोला, "हुज़ूर! आपका बहुत-बहुत शुक्रिया कि आपने फांसी का वक़्त शाम ६ बजे मुकर्रर किया. इस तरह मुझे शाम ६ बजे तक का वक़्त मिल सका. यदि आप मुझे ये वक़्त न देते, तो मैं अपने परिवार, दोस्तों और रिश्तेदारों के साथ जश्न कैसे मना पाता? फांसी पर लटकने के पहले मेरे पास शाम तक का वक़्त है. ये मैं क्यों ज़ाया करूं? मेरे पास जितना भी वक़्त है, उसे मैं ख़ुशी-ख़ुशी गुज़ारना चाहता हूँ."

ये बात सुनकर राजा ने वज़ीर को गले लगा लिया और कहा, "जिस इंसान को वक़्त की कदर है. जो ज़िंदगी का हर लम्हा ख़ुशी-ख़ुशी गुजारना चाहता है. उसे मौत कैसे दी जा सकती हैं? उसे जीने का पूरा हक है. तुम्हारी बातों ने हमारा दिल ख़ुश कर दिया. तुम्हारी फांसी की सजा माफ़ की जाती है."

सीख

ज़िंदगी ख़ूबसूरत है. इसका हर लम्हा ख़ुशी के साथ गुजारें. ये ज़रूर है कि ज़िंदगी में कई बार मुश्किलों भरा वक़्त सामने आ खड़ा होता है और हम परेशान हो जाते हैं. ऐसे में हम ज़िंदगी जीना ही छोड़ देते हैं. मुश्किलों से हारे नहीं, उसका सामना करें और ख़ुशी के साथ करें. जो भी समय आपके पास है, उसका पूरा सदुपयोग करें. ये ज़िंदगी बार-बार नहीं मिलने वाली. इसे खुलकर जियें.

14
बूढ़े गिद्ध की सलाह

बूढ़े गिद्ध की सलाह

एक बार गिद्धों का झुण्ड उड़ता-उड़ता एक टापू पर जा पहुँच. वह टापू समुद्र के बीचों-बीच स्थित था. वहाँ ढेर सारी मछलियाँ, मेंढक और समुद्री जीव थे. इस प्रकार गिद्धों को वहाँ खाने-पीने को कोई कमी नहीं थी. सबसे अच्छी बात ये थी कि वहाँ गिद्धों का शिकार करने वाला कोई जंगली जानवर नहीं था. गिद्ध वहाँ बहुत ख़ुश थे. इतना आराम का जीवन उन्होंने पहले देखा नहीं था.

उस झुण्ड में अधिकांश गिद्ध युवा थे. वे सोचने लगे कि अब जीवन भर इसी टापू पर रहना है. यहाँ से कहीं नहीं जाना, क्योंकि इतना आरामदायक जीवन कहीं नहीं मिलेगा.

लेकिन उन सबके बीच में एक बूढ़ा गिद्ध भी था. वह जब युवा गिद्धों को देखता, तो चिंता में पड़ जाता. वह सोचता कि यहाँ के आरामदायक जीवन का इन युवा गिद्धों पर क्या असर पड़ेगा? क्या ये वास्तविक जीवन का अर्थ समझ पाएंगे? यहाँ इनके सामने किसी प्रकार की चुनौती नहीं है. ऐसे में जब कभी मुसीबत इनके सामने आ गई, तो ये कैसे उसका मुकाबला करेंगे?

बहुत सोचने के बाद एक दिन बूढ़े गिद्ध ने सभी गिद्धों की सभा बुलाई. अपनी चिंता जताते हुए वह सबसे बोला, "इस टापू में रहते हुए हमें बहुत दिन हो गए हैं. मेरे विचार से अब हमें वापस उसी जंगल में चलना चाहिए, जहाँ से हम आये हैं. यहाँ हम बिना चुनौती का जीवन जी रहे हैं. ऐसे में हम कभी भी मुसीबत के लिए तैयार नहीं हो पाएंगे."

युवा गिद्धों ने उसकी बात सुनकर भी अनसुनी कर दी. उन्हें लगा कि बढ़ती उम्र के असर से बूढ़ा गिद्ध सठिया गया है. इसलिए ऐसी बेकार की बातें कर रहा

है. उन्होंने टापू की आराम की ज़िन्दगी छोड़कर जाने से मना कर दिया.

बूढ़े गिद्ध ने उन्हें समझाने की कोशिश की, "तुम सब ध्यान नहीं दे रहे कि आराम के आदी हो जाने के कारण तुम लोग उड़ना तक भूल चुके हो. ऐसे में मुसीबात आई, तो क्या करोगे? मेरे बात मानो, मेरे साथ चलो."

लेकिन किसी ने बूढ़े गिद्ध की बात नहीं मानी. बूढ़ा गिद्ध अकेला ही वहाँ से चला गया. कुछ महीने बीते. एक दिन बूढ़े गिद्ध ने टापू पर गये गिद्धों की ख़ोज-खबर लेने की सोची और उड़ता-उड़ता उस टापू पर पहुँचा.

टापू पर जाकर उसने देखा कि वहाँ का नज़ारा बदला हुआ था. जहाँ देखो, वहाँ गिद्धों की लाशें पड़ी थी. कई गिद्ध लहू-लुहान और घायल पड़े हुए थे. हैरान बूढ़े गिद्ध ने एक घायल गिद्ध से पूछा, "ये क्या हो गया? तुम लोगों की ये हालात कैसे हुई?"

घायल गिद्ध ने बताया, "आपके जाने के बाद हम इस टापू पर बड़े मज़े की ज़िन्दगी जी रहे थे. लेकिन एक दिन एक जहाज़ यहाँ आया. उस जहाज से यहाँ चीते छोड़ दिए गए. शुरू में तो उन चीतों ने हमें कुछ नहीं किया. लेकिन कुछ दिनों बाद जब उन्हें आभास हुआ कि हम उड़ना भूल चुके हैं. हमारे पंजे और नाखून इतने कमज़ोर पड़ गए हैं कि हम तो किसी पर हमला भी नहीं कर सकते और न ही अपना बचाव कर सकते हैं, तो उन्होंने हमें एक-एक कर मारकर खाना शुरू कर दिया. उनके ही कारण हमारा ये हाल है. शायद आपकी बात न मानने का ये फल हमें मिला है."

सीख

अक्सर कम्फर्ट जोन में जाने के बाद उससे बाहर आ पाना मुश्किल होता है. ऐसे में चुनौतियाँ आने पर उसका सामना कर पाना आसान नहीं होता. इसलिए कभी भी कम्फर्ट ज़ोन में जाकर ख़ुश न हो जाएँ. ख़ुद को हमेशा चुनौती देते रहे और मुसीबत के लिए तैयार रहें. जब तब आप चुनौती का सामना करते रहेंगे, आगे बढ़ते रहेंगे.

15
ऊँट के प्रश्न

ऊँट के प्रश्न

एक दिन की बात है. एक ऊँट और उसका बच्चा बातें कर रहे थे. बातों-बातों में ऊँट के बच्चे ने उससे पूछा, "पिताजी! बहुत दिनों से कुछ बातें सोच रहा हूँ. क्या मैं आपसे उनके बारे में पूछ सकता हूँ?"

ऊँट बोला, "हाँ हाँ बेटा, ज़रूर पूछो बेटा. मुझसे बन पड़ेगा. तो मैं जवाब ज़रूर दूंगा."

"हम ऊँटों के पीठ पर कूबड़ क्यों होता है पिताजी?" ऊँट के बच्चे ने पूछा.

ऊँट बोला, "बेटा, हम रेगिस्तान में रहने वाले जीव हैं. हमारे पीठ में कूबड़ इसलिए है, ताकि हम इसमें पानी जमा करके रख सकें. इससे हम कई-कई दिनों तक बिना पानी के रह सकते हैं."

"अच्छा और हमारे पैर इतने लंबे और पंजे गोलाकार क्यों हैं?" ऊँट के बच्चे ने दूसरा प्रश्न पूछा.

"जैसा मैं तुम्हें बता चुका हूँ कि हम रेगिस्तानी जीव हैं. यहाँ की भूमि रेतीली होती है और हमें इस रेतीली भूमि में चलना पड़ता है. लंबे पैर और गोलाकार पंजे के कारण हमें रेत में चलने में सहूलियत होती है."

"अच्छा, मैं हमारे पीठ में कूबड़, लंबे पैर और गोलाकार पंजों का कारण तो समझ गया. लेकिन हमारी घनी पलकों का कारण मैं समझ नहीं पाता. इन घनी पलकों के कारण कई बार मुझे देखने में भी परेशानी होती है. ये इतनी घनी क्यों है?" ऊँट का बच्चा बोला.

"बेटे! ये पलकें हमारी आँखों की रक्षाकवच हैं. ये रेगिस्तान की धूल से हमारी आँखों की रक्षा करते हैं."

"अब मैं समझ गया कि हमारी ऊँट में कूबड़ पानी जमा कर रखने, लंबे पैर और गोलाकार पंजे रेतीली भूमि पर आसानी से चलने और घनी पलकें धूल से आँखों की रक्षा करने के लिए है. ऐसे में हमें तो रेगिस्तान में होना चाहिए ना पिताजी, फिर हम लोग इस चिड़ियाघर में क्या कर रहे हैं?"

सीख

प्राप्त ज्ञान, हुनर और प्रतिभा तभी उपयोगी हैं, जब आप सही जगह पर हैं. अन्यथा सब व्यर्थ है. कई लोग प्रतिभावान होते हुए भी जीवन में सफ़ल नहीं हो पाते क्योंकि वे सही जगह/क्षेत्र पर अपनी प्रतिभा का इस्तेमाल नहीं करते. अपनी प्रतिभा व्यर्थ जाने मत दें.

16

मकड़ी, चींटी और जाला

मकड़ी, चींटी और जाला

एक मकड़ी अपना जाला बनाने उपयुक्त स्थान की तलाश में थी. वह चाहती थी कि उसका जाला ऐसे स्थान पर हो, जहाँ ढेर सारे कीड़े-मकोड़े और मक्खियाँ आकर फंसे. इस तरह वह मज़े से खाते-पीते और आराम करते अपना जीवन बिताना चाहती थी.

उसे एक घर के कमरे का कोना पसंद आ गया और वह वहाँ जाला बनाने की तैयारी करने लगी. उसने जाला बुनना शुरू ही किया था कि वहाँ से गुजर रही एक बिल्ली उसे देख जोर-जोर से हँसने लगी. मकड़ी ने जब बिल्ली से उसके हंसने का कारण पूछा, तो बिल्ली बोली, "मैं तुम्हारी बेवकूफ़ी पर हँस रही हूँ. तुम्हें दिखाई नहीं पड़ता कि ये स्थान कितना साफ़-सुथरा है. यहाँ न कीड़े-मकोड़े हैं, न ही मक्खियाँ. तुम्हारे जाले में कौन फंसेगा?"

बिल्ली की बात सुनकर मकड़ी ने कमरे के उस कोने में जाला बनाने का विचार त्याग दिया और दूसरे स्थान की तलाश करने लगी. उसने घर के बरामदे से लगी एक खिड़की देखी और वह वहाँ जाला बुनने लगी. उसने आधा जाला बुनकर तैयार कर लिया था, तभी एक चिड़िया वहाँ आई और उसका मज़ाक उड़ाने लगी, "अरे, तुम्हारा दिमाग ख़राब हो गया है क्या, जो इस खिड़की पर जाला बुन रही हो. तेज हवा चलेगी और तुम्हारा जाला उड़ जायेगा."

मकड़ी को चिड़िया की बात सही लगी. उसने तुरंत खिड़की पर जाला बुनना बंद किया और दूसरा स्थान ढूंढने लगी. ढूंढते-ढूंढते उसकी नज़र एक पुरानी अलमारी पर पड़ी. उस अलमारी का दरवाज़ा थोड़ा खुला हुआ था. वह वहाँ जाकर जाला बुनने लगी. तभी एक कॉकरोच वहाँ आया और उसे समझाइश देते हुए बोला, "इस स्थान

पर जाला बनाना व्यर्थ है. यह अलमारी बहुत पुरानी हो चुकी है. कुछ ही दिनों में इसे बेच दिया जायेगा. तुम्हारी सारी मेहनत बेकार चली जायेगी."

मकड़ी ने कॉकरोच की समझाइश मान ली और अलमारी में जाला बनाना बंद कर दूसरे स्थान की ख़ोज करने लगी. लेकिन इन सबके बीच पूरा दिन निकल चुका था. वह थक गई थी और भूख-प्यास से उसका हाल बेहाल हो चुका था. अब उसमें इतनी हिम्मत नहीं रह गई थी कि वह जाला बना सके.

थक-हार कर वह एक स्थान पर बैठ गई. वहीं एक चींटी भी बैठी हुई थी. थकी-हारी मकड़ी को देख चींटी बोली, "मैं तुम्हें सुबह से देख रही हूँ. तुम जाला बुनना शुरू करती हो और दूसरों की बातों में आकर उसे अधूरा छोड़ देती हो. जो दूसरों की बातों में आता है, उसका तुम्हारे जैसा ही हाल होता है."

चींटी बात सुनकर मकड़ी को अपनी गलती का अहसास हुआ और वह पछताने लगी.

सीख

अक्सर ऐसा होता है कि हम नया काम शुरू करते हैं और नकारात्मक मानसिकता के लोग आकर हमें हतोत्साहित करने लगते हैं. वे भविष्य की परेशानियाँ और समस्यायें गिनाकर हमारा हौसला तोड़ने की कोशिश करते हैं. कई बार हम उनकी बातों में आकर अपना काम उस स्थिति में छोड़ देते हैं, जब वह पूरा होने की कगार पर होता है और बाद में समय निकल जाने पर हम पछताते रह जाते हैं. आवश्यकता है कि जब भी हम कोई नया काम शुरू करें, तो पूर्ण सोच-विचार कर करें और उसके बाद आत्मविश्वास और दृढ़-निश्चय के साथ उस काम में जुट जायें. काम अवश्य पूरा होगा. जीवन में सफलता प्राप्त करनी है, तो लक्ष्य के प्रति ऐसा ही दृष्टिकोण रखना होगा.

17

सौ ऊँट

सौ ऊँट

राजस्थान के एक गाँव में रहने वाला एक व्यक्ति हमेशा किसी ना किसी समस्या से परेशान रहता था और इस कारण अपने जीवन से बहुत दुःखी था.

एक दिन उसे कहीं से जानकारी प्राप्त हुई कि एक पीर बाबा अपने काफ़िले के साथ उसके गाँव में पधारे है. उसने तय किया कि वह पीर बाबा से मिलेगा और अपने जीवन की समस्याओं के समाधान का उपाय पूछेगा.

शाम को वह उस स्थान पर पहुँचा, जहाँ पीर बाबा रुके हुए थे. कुछ समय प्रतीक्षा करने के उपरांत उसे पीर बाबा से मिलने का अवसर प्राप्त हो गया. वह उन्हें प्रणाम कर बोला, “बाबा! मैं अपने जीवन में एक के बाद एक आ रही समस्याओं से बहुत परेशान हूँ. एक से छुटकारा मिलता नहीं कि दूसरी सामने खड़ी हो जाती है. घर की समस्या, काम की समस्या, स्वास्थ्य की समस्या और जाने कितनी ही समस्यायें. ऐसा लगता है कि मेरा पूरा जीवन समस्याओं से घिरा हुआ है. कृपा करके कुछ ऐसा उपाय बतायें कि मेरे जीवन की सारी समस्यायें खत्म हो जाये और मैं शांतिपूर्ण और ख़ुशहाल जीवन जी सकूं.”

उसकी पूरी बात सुनने के बाद पीर बाबा मुस्कुराये और बोले, “बेटा! मैं तुम्हारी समस्या समझ गया हूँ. उन्हें हल करने के उपाय मैं तुम्हें कल बताऊंगा. इस बीच तुम मेरा एक छोटा सा काम कर दो.”

व्यक्ति तैयार हो गया.

पीर बाबा बोले, “बेटा, मेरे काफ़िले में १०० ऊँट है. मैं चाहता हूँ कि आज रात तुम उनकी रखवाली करो. जब सभी १०० ऊँट बैठ जायें, तब तुम सो जाना.”

यह कहकर पीर बाबा अपने तंबू में सोने चले गए. व्यक्ति ऊँटों की देखभाल करने चला गया.

अगली सुबह पीर बाबा ने उसे बुलाकर पूछा, "बेटा! तुम्हें रात को नींद तो अच्छी आई ना?"

"कहाँ बाबा? पूरी रात मैं एक पल के लिए भी सो न सका. मैंने बहुत प्रयास किया कि सभी ऊँट एक साथ बैठ जायें, ताकि मैं चैन से सो सकूं. किंतु मेरा प्रयास सफल न हो सका. कुछ ऊँट तो स्वतः बैठ गए. कुछ मेरे बहुत प्रयास करने पर भी नहीं बैठे. कुछ बैठ भी गए, तो दूसरे उठ खड़े हुए. इस तरह पूरी रात बीत गई." व्यक्ति ने उत्तर दिया.

पीर बाबा मुस्कुराये और बोले, "यदि मैं गलत नहीं हूँ, तो तुम्हारे साथ कल रात यह हुआ?

कई ऊँट ख़ुद-ब-ख़ुद बैठ गए.

कईयों को तुमने अपने प्रयासों से बैठाया.

कई तुम्हारे बहुत प्रयासों के बाद भी नहीं बैठे. बाद में तुमने देखा कि वे उनमें से कुछ अपने आप ही बैठ गए."

"बिल्कुल ऐसा ही हुआ बाबा." व्यक्ति तत्परता से बोला.

तब पीर बाबा ने उसे समझाते हुए कहा, "क्या तुम समझ पाए कि जीवन की समस्यायें इसी तरह है :

कुछ समस्यायें अपने आप ही हल हो जाती हैं.

कुछ प्रयास करने के बाद हल होती है.

कुछ प्रयास करने के बाद भी हल नहीं होती. उन समस्याओं को समय पर छोड़ दो. सही समय आने पर वे अपने आप ही हल हो जायेंगी.

कल रात तुमें अनुभव किया होगा कि चाहे तुम कितना भी प्रयास क्यों न कर लो? तुम एक साथ सारे ऊँटों को नहीं बैठा सकते. तुम एक को बैठाते हो, तो दूसरा खड़ा हो जाता है. दूसरे को बैठाते हो, तो तीसरा खड़ा हो जाता है. जीवन की समस्यायें इन ऊँटों की तरह ही हैं. एक समस्या हल होती नहीं कि दूसरी खड़ी हो जाती है. समस्यायें जीवन का हिस्सा है और हमेशा रहेंगी. कभी ये कम हैं, तो कभी ज्यादा. बदलाव तुम्हें स्वयं में लाना है और हर समय इनमें उलझे रहने के स्थान पर इन्हें एक तरफ़ रखकर जीवन में आगे बढ़ना है."

व्यक्ति को पीर बाबा की बात समझ में आ गई और उसने निश्चय किया कि आगे से वह कभी अपनी समस्याओं को खुद पर हावी होने नहीं देगा. चाहे सुख हो या दु:ख जीवन में आगे बढ़ता चला जायेगा.

18

मकड़ी की प्रेरणादायक कहानी

मकड़ी की प्रेरणादायक कहानी

शहर के एक बड़े संग्रहालय के बेसमेंट में कई पेंटिंग्स रखी हुई थी. ये वे पेंटिंग्स थीं, जिन्हें प्रदर्शनी कक्ष में स्थान नहीं मिला था. लंबे समय से बेसमेंट में पड़ी पेंटिंग्स पर मकड़ियों ने जाला बना रखा था.

बेसमेंट के कोने में पड़ी एक पेंटिंग पर एक मकड़ी ने बड़ी ही मेहनत से बड़ा सा जाला बुना हुआ था. वह उसका घर था और वह उसके लिए दुनिया की सबसे प्यारी चीज़ थी. वह उसका विशेष रूप से ख्याल रखा करती थी.

एक दिन संग्रहालय की साफ़-सफाई और रख-रखाव कार्य प्रारंभ हुआ. इस प्रक्रिया में बेसमेंट में रखी कुछ चुनिंदा पेंटिंग्स को म्यूजियम के प्रदर्शनी कक्ष में रखा जाने लगा. यह देख संग्रहालय के बेसमेंट में रहने वाली कई मकड़ियाँ अपना जाला छोड़ अन्यत्र चली गई.

लेकिन कोने की पेंटिंग की मकड़ी ने अपना जाला नहीं छोड़ा. उसने सोचा कि सभी पेंटिंग्स को तो प्रदर्शनी कक्ष में नहीं ले जाया जायेगा. हो सकता है इस पेंटिंग को भी न ले जाया जाये.

कुछ समय बीतने के बाद बेसमेंट से और अधिक पेंटिंग्स उठाई जाने लगी. लेकिन तब भी मकड़ी ने सोचा कि ये मेरे रहने की सबसे अच्छी जगह है. इससे बेहतर जगह मुझे कहाँ मिल पाएंगी? वह अपना घर छोड़ने को तैयार नहीं थी. इसलिए उसने अपना जाला नहीं छोड़ा.

लेकिन एक सुबह संग्रहालय के कर्मचारी उस कोने में रखी पेंटिंग को उठाकर ले जाने लगे. अब मकड़ी के पास अपना जाला छोड़कर जाने के अतिरिक्त कोई विकल्प नहीं था. जाला न छोड़ने की स्थिति में वह मारी जाती. बुझे मन से उसने इतनी मेहनत से बनाया अपना जाला छोड़ दिया.

संग्रहालय से बाहर निकलने के बाद वह कई दिनों तक इधर-उधर भटकती रही. कई परेशानियों से उसे दो-चार होना पड़ा. वह बड़ी दुःखी रहा करती थी कि उसका ख़ूबसूरत घर भगवान ने उससे छीन लिया और उसे इस मुसीबत में ढकेल दिया.

वह संग्रहालय के अपने पुराने घर के बारे में सोचकर और दुःखी हो जाती कि उससे अच्छा स्थान अब उसे कभी हासिल नहीं होगा. लेकिन उसे अपने रहने के लिए स्थान तो खोजना ही था. इसलिए वह लगातार प्रयास करती रही. आखिर में एक दिन वह एक सुंदर बगीचे में पहुँची.

बगीचे में एक शांत कोना था, जो मकड़ी को बहुत पसंद आया. उसने फिर से मेहनत प्रारंभ की और कुछ ही दिनों में पहले से भी सुंदर जाला तैयार कर लिया. यह उसका अब तक का सबसे ख़ूबसूरत घर था. अब वह ख़ुश थी कि जो हुआ अच्छा ही हुआ, अन्यथा वह इतने सुंदर स्थान पर इतने सुंदर घर में कभी नहीं रह पाती. वह ख़ुशी-ख़ुशी वहाँ रहने लगी.

सीख – कभी-कभी जीवन में ऐसा कठिन समय आता है, जब हमारा बना-बनाया सब कुछ बिखर जाता है. ये हमारा व्यवसाय, नौकरी, घर, परिवार या रिश्ता कुछ भी हो सकता है. ऐसी परिस्थिति में हम अपनी किस्मत को कोसने लगते हैं या भगवान से शिकायतें करने लग जाते हैं. लेकिन वास्तव में कठिन परिस्थितियाँ हमारे हौसले की परीक्षा है. यदि हम अपना हौसला मजबूत रखते हैं और कठिनाइयों से जूझते हुए जीवन में आगे बढ़ते जाते हैं, तो परिस्थितियाँ बदलने में समय नहीं लगता. हमारा हौसला, हमारा जुझारूपन, हमारी मेहनत हमें बेहतरी की ओर ले जाती हैं. यकीन मानिये, हौसला है तो बार-बार बिखरने के बाद भी आसमान की बुलंदियों को छुआ जा सकता है.

19

साधु और खजूर

साधु और खजूर

एक दिन की बात है. एक साधु गाँव के बाहर वन में स्थित अपनी कुटिया की ओर जा रहा था. रास्ते में बाज़ार पड़ा. बाज़ार से गुजरते हुए साधु की दृष्टि एक दुकान में रखी ढेर सारी टोकरियों पर पड़ी. उसमें ख़जूर रखे हुए थे.

ख़जूर देखकर साधु का मन ललचा गया. उसके मन में ख़जूर खाने की इच्छा जाग उठी. किंतु उस समय उसके पास पैसे नहीं थे. उसने अपनी इच्छा पर नियंत्रण रखा और कुटिया चला आया.

कुटिया पहुँचने के बाद भी ख़जूर का विचार साधु के मन से नहीं निकल पाया. वह उसी के बारे में ही सोचता रहा. रात में वह ठीक से सो भी नहीं पाया. अगली सुबह जब वह जागा, तो ख़जूर खाने की अपनी इच्छा की पूर्ति के लिए पैसे की व्यवस्था करने के बारे में सोचने लगा.

सूखी लकड़ियाँ बेचकर ख़जूर खरीदने लायक पैसों की व्यवस्था अवश्य हो जायेगी, यह सोचकर वह जंगल में गया और सूखी लकड़ियाँ बीनने लगा. काफ़ी लकड़ियाँ एकत्रित कर लेने के बाद उसने उसका गठ्ठर बनाया और उसे अपने कंधे पर लादकर बाज़ार की ओर चल पड़ा.

लड़कियों का गठ्ठर भारी था. जिसे उठाकर बाज़ार तक की दूरी तय करना आसान नहीं था. किंतु साधु चलता गया. थोड़ी देर में उसके कंधे में दर्द होने लगा. इसलिए विश्राम करने वह एक स्थान पर रुक गया. थोड़ी देर विश्राम कर वह पुनः लकड़ियाँ उठाकर चलने लगा. इसी तरह रुक-रुक कर किसी तरह वह लकड़ियों के गठ्ठर के साथ बाज़ार पहुँचा.

बाज़ार में उसने सारी लकड़ियाँ बेच दी. अब उसके पास इतने पैसे इकठ्ठे हो गए, जिससे वह ख़जूर खरीद सके. वह बहुत प्रसन्न हुआ और खजूर की दुकान में पहुँचा. सारे पैसों से उसने खजूर खरीद लिए और वापस अपनी कुटिया की ओर चल पड़ा.

कुटिया की ओर जाते-जाते उसके मन में विचार आया कि आज मुझे ख़जूर खाने की इच्छा हुई. हो सकता है कल किसी और वस्तु की इच्छा हो जाये. कभी नए वस्त्रों की इच्छा जाग जायेगी, तो कभी अच्छे घर की. कभी स्त्री और बच्चों की, तो कभी धन की. मैं तो साधु व्यक्ति हूँ. इस तरह से तो मैं इच्छाओं का दास बन जाऊंगा.

यह विचार आते ही साधु ने ख़जूर खाने का विचार त्याग दिया. उस समय उसके पास से एक गरीब व्यक्ति गुजर रहा था. साधु ने उसे बुलाया और सारे खजूर उसे दे दिए. इस तरह उसने स्वयं को इच्छाओं का दास बनने से बचा लिया.

सीख

यदि हम अपनी हर इच्छाओं के आगे हार जायेंगे, तो सदा के लिए अपनी इच्छाओं के दास बन जायेंगे. मन चंचल होता है. उसमें रह-रहकर इच्छायें उत्पन्न होती रहती हैं. जो उचित भी हो सकती हैं और अनुचित भी. ऐसे में इच्छाओं पर नियंत्रण रखना आवश्यक है. सोच-विचार कर इच्छाओं के आंकलन के उपरांत ही उनकी पूर्ति के लिए कदम बढ़ाना चाहिए. तभी जीवन में सफ़लता प्राप्त होगी. हमें इच्छाओं का दास नहीं बनाना है, बल्कि इच्छाओं को अपना दास बनाना है.

20

किसान की घड़ी

किसान की घड़ी

एक दिन की बात है. एक किसान अपने खेत के पास स्थित अनाज की कोठी में काम कर रहा था. काम के दौरान उसकी घड़ी कहीं खो गई. वह घड़ी उसके पिता द्वारा उसे उपहार में दी गई थी. इस कारण उससे उसका भावनात्मक लगाव था.

उसने वह घड़ी ढूंढने की बहुत कोशिश की. कोठी का हर कोना छान मारा. लेकिन घड़ी नहीं मिली. हताश होकर वह कोठी से बाहर आ गया. वहाँ उसने देखा कि कुछ बच्चे खेल रहे हैं.

उसने बच्चों को पास बुलाकर उन्हें अपने पिता की घड़ी खोजने का काम सौंपा. घड़ी ढूंढ निकालने वाले को ईनाम देने की घोषणा भी की. ईनाम के लालच में बच्चे तुरंत मान गए.

कोठी के अंदर जाकर बच्चे घड़ी की खोज में लग गए. इधर-उधर, यहाँ-वहाँ, हर जगह खोजने पर भी घड़ी नहीं मिल पाई. बच्चे थक गए और उन्होंने हार मान ली.

किसान ने अब घड़ी मिलने की आस खो दी. बच्चों के जाने के बाद वह कोठी में उदास बैठा था. तभी एक बच्चा वापस आया और किसान से बोला कि वह एक बार फिर से घड़ी ढूंढने की कोशिश करना चाहता था. किसान ने हामी भर दी.

बच्चा कोठी के भीतर गया और कुछ ही देर में बाहर आ गया. उसके हाथ में किसान की घड़ी थी. जब किसान ने वह घड़ी देखी, तो बहुत ख़ुश हुआ. उसे आश्चर्य हुआ कि जिस घड़ी को ढूंढने में सब नाकामयाब रहे, उसे उस बच्चे ने कैसे ढूंढ निकाला?

पूछने पर बच्चे ने बताया कि कोठी के भीतर जाकर वह चुपचाप एक जगह खड़ा हो गया और सुनने लगा. शांति में उसे घड़ी की टिक-टिक की आवाज़ सुनाई पड़ी और उस आवाज़ की दिशा में खोजने पर उसे वह घड़ी मिल गई.

किसान ने बच्चे को शाबासी दी और ईनाम देकर विदा किया.

सीख – शांति हमारे मन और मस्तिष्क को एकाग्र करती है और यह एकाग्र मन:स्थिति जीवन की दिशा निर्धारित करने में सहायक है. इसलिए दिनभर में कुछ समय हमें अवश्य निकलना चाहिए, जब हम शांति से बैठकर मनन कर सकें. अन्यथा शोर-गुल भरी इस दुनिया में हम उलझ कर रह जायेंगे. हम कभी न खुद को जान पायेंगे न अपने मन को. बस दुनिया की भेड़ चाल में चलते चले जायेंगे. जब आँख खुलगी, तो बस पछतावा होगा कि जीवन की ये दिशा हमने कैसे निर्धारित कर ली? हम चाहते तो कुछ और थे. जबकि वास्तव में हमने तो वही किया, जो दुनिया ने कहा. अपने मन की बात सुनने का तो हमने समय ही नहीं निकाला.

21
राज्य का उत्तराधिकारी

राज्य का उत्तराधिकारी

एक राज्य में एक पराक्रमी राजा का शासन था. उसकी कोई संतान नहीं थी. ढलती उम्र के कारण राज्य के भावी उत्तराधिकारी को लेकर वह अत्यंत चिंतित था. अनेक वैद्यों को दिखाने के बाद भी वह संतान सुख से वंचित ही रहा. अंततः उसने राज्य के ही किसी योग्य नवयुवक को राज्य की बाग़-डोर सौंप देने का निश्चय किया.

भावी उत्तराधिकारी के चयन हेतु उसने योग्यता परीक्षण का आयोजन किया. इस हेतु एक शानदार महल का निर्माण करवाया गया. महल के दरवाज़े पर गणित का एक समीकरण अंकित कर पूरे राज्य में घोषणा कर दी गई कि राज्य के सभी नवयुवक महल का दरवाज़ा खोलने आमंत्रित हैं. दरवाज़े पर अंकित समीकरण हल कर दरवाज़ा खोलें. जो दरवाज़ा खोलने में सफ़ल होगा, उसे महल उपहार स्वरुप प्रदान किया ही जायेगा और साथ ही राज्य का उत्तराधिकारी भी घोषित कर दिया जायेगा.

घोषणा के दिन से ही उस नव-निर्मित महल में नवयुवकों का तांता लग गया. सुबह से लेकर शाम तक नवयुवक वहाँ आते और दरवाज़े पर अंकित गणित के समीकरण को हल करने का प्रयास करते. किंतु आश्चर्य की बात थी कि कोई भी उसे हल नहीं कर पा रहा था. कई उसे लिखकर या याद करके जाते और घर पर उसका हल निकालने का हर संभव का प्रयास करते. किंतु फिर भी असफ़ल रहते.

कई दिन बीत गए. राज्य के बड़े से बड़े गणितज्ञ भी उस समीकरण का हल निकाल पाने में असमर्थ रहे. तब राजा ने दूसरे राज्यों के गणितज्ञों को आमंत्रित किया. दूसरे राज्य के गणितज्ञ आये और गणित का वह समीकरण हल करने लगे.

जैसे-जैसे दिन ढलता गया, एक-एक करके गणितज्ञ वहाँ से जाते गए. अंत में मात्र तीन लोग शेष बचे. उनमें से दो दूसरे राज्य के गणितज्ञ थे, किंतु तीसरा गाँव का एक साधारण सा युवक था.

दोनों गणितज्ञ जहाँ गणित का समीकरण हल करने में लगे हुए थे, वहाँ युवक एक कोने में खड़ा होकर उन्हें देख रहा था. राजा ने जब उसे यूं ही खड़ा देखा, तो पास बुलाकर पूछा, "तुम दरवाज़े पर अंकित समीकरण हल क्यों नहीं कर रहे?"

युवक बोला, "महाराज, मैं तो बस यूं ही इन नामी-गिरामी गणितज्ञों को देखने आया हूँ. ये अपने राज्यों के इतने बड़े गणितज्ञ हैं. इन्हें समीकरण हल करने दीजिये. यदि इन्होंने हल निकाल लिया, तो राज्य के उत्तराधिकारी बन जायेंगे. इससे बड़ी ख़ुशी की बात और क्या होगी? यदि ये समीकरण हल नहीं कर कर पाए, तब मैं कोशिश करके देखूंगा."

इतना कहकर युवक एक कोने में बैठकर गणितज्ञों को देखने लगा. पूरा दिन निकल गया और शाम घिर आई. किंतु दोनों गणितज्ञ समीकरण हल नहीं कर पाए. उनके मस्तिष्क में पूरे दिन मात्र एक ही प्रश्न घूम रहा था कि आखिर इस समीकरण में ऐसा भी क्या है? कैसे ये हल होगा? कैसे महल का ये दरवाज़ा खुलेगा?

पूरा प्रयास करने के बाद भी वे समीकरण हल नहीं कर पाए. जब उन्होंने हार मान ली, तो कोने में बैठा युवक उठकर दरवाज़े के पास गया और जाकर उसे धीरे से धक्का दे दिया. जैसे ही उसने दरवाज़े को धक्का दिया, दरवाज़ा खुल गया.

दरवाज़ा खुलते ही लोग उससे पूछने लगे कि तुमने ऐसा क्या किया कि महल का दरवाज़ा खुल गया. युवक बोला, "जब मैं बैठकर सबको गणित का समीकरण हल करते देख रहा था, तो मेरे दिमाग में विचार आया कि हो सकता है कि दरवाज़ा खोलने का कोई समीकरण ही न हो. इसलिये मैं गया और सबसे पहले जाकर दरवाज़े को धक्का दे दिया. दरवाज़ा खुल गया. दरवाज़े खोलने का कोई समीकरण था ही नहीं."

उसका उत्तर वहाँ उपस्थित राजा ने भी सुना और बहुत प्रसन्न हुआ. उसने युवक को वह महल भी दिया गया और राज्य का भावी उत्तराधिकारी भी घोषित किया.

सीख

ज़िंदगी में हम कई बार ऐसी परिस्थिति में फंस जाते हैं, जब हमें लगता है कि हमारे सामने पहाड़ जैसी समस्या है. जबकि वास्तव में कोई समस्या होती ही नहीं या होती भी है, तो बहुत ही छोटी सी. लेकिन हम उसे बहुत बड़ा बनाकर उसमें उलझे रहते हैं. बाद में उस समस्या का समाधान अपने आप ही निकल जाता है

या फिर थोड़े से प्रयास के बाद. तब हमें अहसास होता है कि इतनी सी समस्या के लिए हमने कितना समय बर्बाद कर दिया. समस्या सामने आने पर विचलित न हो. शांति से सोचे और फिर समाधान करने का प्रयास करें.

www.ingramcontent.com/pod-product-compliance
Lightning Source LLC
LaVergne TN
LVHW091934070526
838200LV00068B/1231
9781685090524